생활 습관에서 지구 환경까지

코로나 탐구 생활

폴 드 리브롱, 최재천 글 | 마르그리트 드 리브롱 그림 | 곽노경 옮김

북멘토

우리를 도와 작업해 준 자원봉사자,
자녀를 둔 부모님과 방역 전문가,
그리고 우리 가족에게,
이 책을 바칩니다.

폴과 마르그리트 리브롱

Paul et Marguerite

시작하는 말

모두 함께 힘을 모았어요!

코로나 바이러스의 위기는
어느 날 갑자기 시작됐지요.

전 세계 사람들 모두 이런 상황은
생전 처음 겪는 거였고요.

아마도 어린이들은 어른들보다
훨씬 더 혼란스러웠을 거예요.

그래서 코로나 위기를 겪는
모든 어린이를 돕기 위해
이 책을 만들게 되었답니다.

폴 선생님이 매일매일 글을 써 내려갔고,

마르그리트 선생님이
그림을 그렸죠.

많은 분들이 발 벗고 나서서
다양한 언어로 번역을 해 주고,

인터넷 사이트에도 올려 주고,

영상이나 다양한 캠페인도 함께
만들어 주고,

그밖에도 많은 일들을 도와주었어요.
정말 멋지죠!

폴, 마르그리트 그리고 함께한 사람들 모두
많은 어린이에게 코로나 이야기를
들려줄 수 있어서 행복했어요.

사람들은 새로운 아이디어로
우리를 도와주기도 했어요.

우리가 다 함께 힘을 모으면

위기도 아름다운 이야기로
다시 탄생시킬 수 있음을 보여 주었죠.

차례

집콕 생활

코로나 방역 전문가들의 의견을
들어 볼까요?

자가 격리라고요? 어른들한테도 어려운 말이에요. 우리 어린이들은 좀 더 귀엽게 표현해 보아요.

전문가들은 코로나 바이러스를 피하는 최선의 방법이 사람들끼리 접촉을 피하는 거래요. 그래서 모두에게 가능하면 서로 만나지 말라고 당부했어요.

여러분도 알죠?
애벌레가 예쁜 나비로 거듭나려면
포근한 고치가 필요해요.

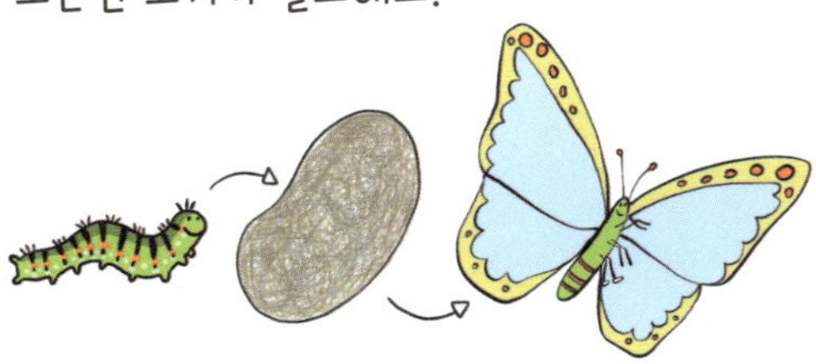

애벌레는 세상과 격리된 고치 안에서
한동안 몸을 스스로 돌보며 보호하죠.
그래야 멋진 나비로 변하니까요.

집이 바로 그런 역할을 해요.
애벌레 고치처럼 말이에요.

애벌레처럼 여러분도 각자 고치를 만들면
어떨까요? 그래야 코로나 바이러스가
밖에서 쳐들어오지 못할 테니까요.

그래도 여러분은 애벌레보다 나아요.
혼자가 아니잖아요!
집 안에서는 하고 싶은 일을 할 수도 있고,
가족들과 함께 시간을 보낼 수도 있지요.

사람들이 자신만의 고치를 만들어
그 안에서 생활하는 것,
그게 바로 집콕 생활이랍니다.

전문가들은 일터로 출근할 때,
생필품을 살 때, 병원에 갈 때,
운동을 할 때 이외에는 모두에게
집콕 생활을 하라고 입을 모아
당부하고 있어요.

그래야 코로나 바이러스가
빨리 사라질 수 있대요.
코로나 바이러스에게는 안된 일이지만요.

집콕 생활이 끝나면,
애벌레가 나비로 변해 훨훨 날아가듯
우리는 다시 자유를 만끽할 거예요.

창의력을 키우자!

어떤 사람들은 갇힌 기분이 들어서
코로나가 너무 무섭다고 해요.

전문가들은 끔찍한 바이러스 떼들이
설치지 못하도록 통제하는 벽을 세웠지요.

물론 눈에 보이는 벽은 아니에요.
여러분도 이미 알고 있는 벽이죠.
맞아요. 그 벽은 바로 코로나를 차단하는
방역 수칙들이에요.

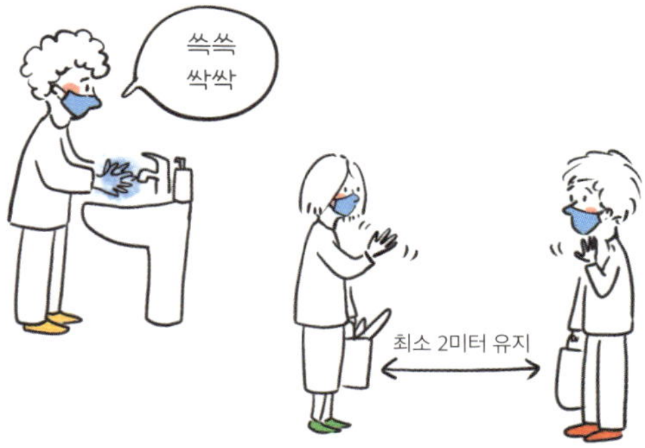

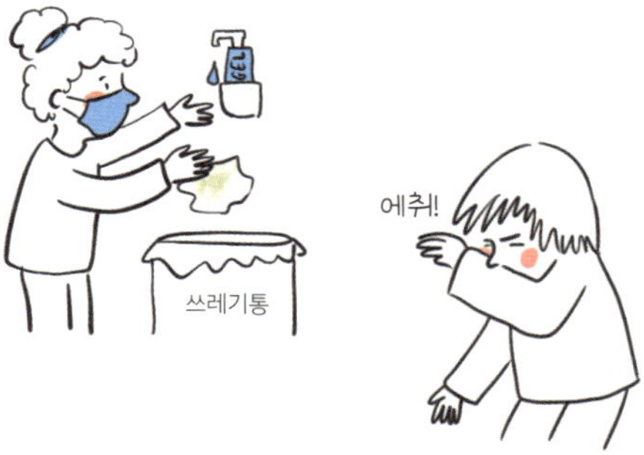

그중에서 가장 최고의 수준의 통제는
바로 집콕 생활이죠.

모두가 통제를 꺼리는 것은 아니에요.
오히려 이런 통제된 상황이 새로운 것에
눈뜨게 하는 기회가 될 수 있거든요.

혹시 '루이 브라유'를 아나요?
그 사람은 시각 장애인이에요.
그래서 책을 읽을 수 없는 통제된 삶을
살아야 했죠.

그래서 브라유는 종이에 작은 점을 찍어
글을 쓰는 방식을 개발했어요.
그 덕분에 시각 장애인들은 이제 누구나
손가락으로 글을 읽을 수 있게 되었고요.

기발하죠?
여러분도 한번 상상해 볼래요?
밖이 아닌 집 안에서는
아무것도 할 수 없다는 한계를
뛰어넘어 보는 거예요.

놀이도 개발하고,

새로운 요리법도 찾아보고,

시도 써 볼 수 있어요.

친한 친구들한테 줄 선물을 하나씩
준비할 수도 있고요.

상상력을 발휘해 끔찍한 코로나 바이러스의
모습을 표현해 보세요.
숨은 재능을 발견할 수도 있을 테니까요.
이 책에 그림을 그린 마르그리트 작가처럼요.

그다음 집콕 생활을 하는 이웃들에게
그림을 보여 주세요.

슈퍼 히어로

여러분, 슈퍼 히어로 이야기는
수없이 많이 들었죠?

슈퍼 히어로들은 초능력을 발휘해
엄청난 힘을 뿜어내죠.

하지만 슈퍼 히어로도
아주 조그만 코로나 바이러스를
멀리 쫓아내지는 못해요.

그런데 코로나에 맞서는
슈퍼 히어로들이 우리 주변에 있어요.
바로, 코로나 확진자를 돌보는
히어로들이에요.

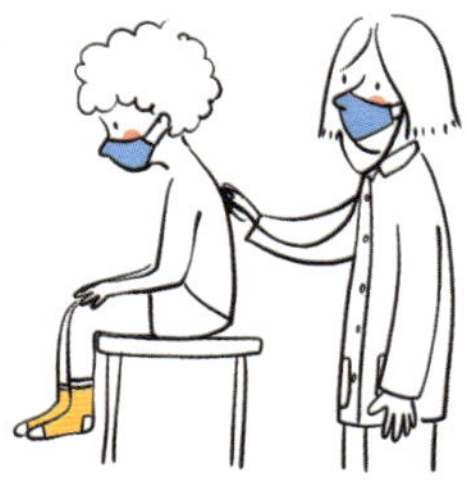

의사, 간호사, 간병인 같은 사람들 말이에요.

환자들에게 생필품을 전달하기 위해
각자의 자리에서 애쓰는 모든 사람들도
슈퍼 히어로예요.

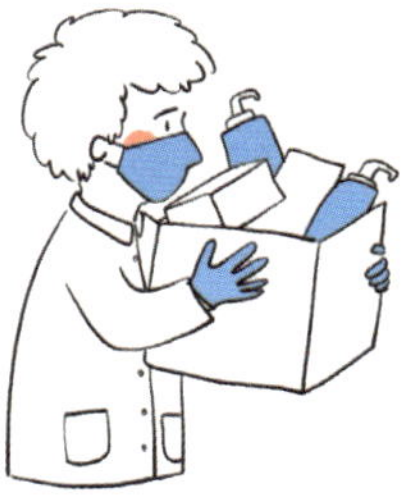

코로나 바이러스 백신을 개발하려고
애를 쓰는 전 세계 과학자들도
슈퍼 히어로지요.

이뿐만이 아니에요!
집콕 생활을 유지하는 데 필요한 것들을
제공하는 모든 사람이 슈퍼 히어로예요.

예를 들면 물이라던가,

음식,

전기,

인터넷, 라디오, 텔레비전, 전화…….

이 사람들이 없었다면 집콕 생활이 엄청 불편했을 거예요. 이 모든 사람이 바로 숨은 슈퍼 히어로들이에요.

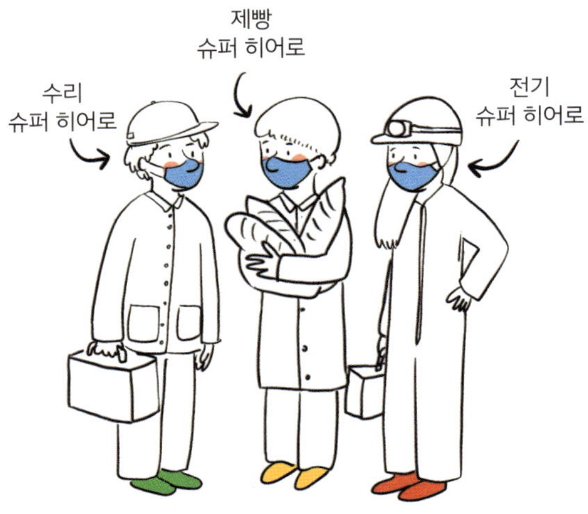

코로나와 맞서 싸우는 슈퍼 히어로를
일일이 나열하는 건 불가능해요.
너무 많으니까요.
참, 집콕 생활을 잘 해내는
우리 어린이들도
슈퍼 히어로라는 거 잊지 마세요!

근데, 강아지도
우리가 슈퍼 히어로라는 걸 알까요?

집에서 공부하기

유치원, 초등학교 선생님들은 학생들이 모두 각자의 집에서 가정 학습을 할 수 있도록 하는 기발한 아이디어를 짜냈어요.

많은 선생님들이 집에 돌봐야 할 자녀가 있어서 출근하기가 쉽지 않았거든요.

선생님들은 지식이 얼마나 귀한 보물인지 잘 알아요. 그래서 평소보다 더 열심히 수업을 준비했죠.

영화감독처럼 수업을 촬영하거나,

인터넷으로
메시지를 보내기도 해요.

매번 숙제 검사도 한답니다!

학생들한테
수시로 전화도 걸어요.

또 많은 부모님들이
가정에서 학생들의 학습을
도와주고 있어요.

가끔 부모님들은 자녀들이 생각보다
똑똑하지 않다는 사실을 알고
깜짝 놀란답니다. 그리고 그동안
잊고 지냈던 지식을 떠올리느라
진땀을 빼기도 하죠.

선생님들의 아이디어, 열정, 용기와
부모님들의 협조 덕분에 코로나 바이러스도
어린이들의 학습을 멈추게 할 수 없었어요.

이런 선생님과 부모님의 노력에 감사하는
마음으로 스스로 잘 점검해 보세요.
학습 내용을 잘 따라가는지
숙제를 빼 먹지 않았는지 말이에요.

집콕 생활 동안 많은 부모님들에게 전에는 경험해 보지 못한 일들이 일어났어요.

원격 수업? 좀 낯설죠? 몰래 딴짓하며 공부할 수 있다는 뜻일까요?

절대 아니랍니다. 설마 텔레비전을 보면서 수업 받는 친구들은 한 명도 없겠죠?

사실 텔레비전의 '텔레'는 멀리 떨어져 있다는 말이에요. 그래서 텔레비전은 멀리서도 내용을 볼 수 있는 기구를 말하죠.

원격 수업이란 텔레비전이 방송되듯이
평소 공부하던 곳에서 멀리 떨어져서
원격으로 공부를 한다는 뜻이에요.

중앙방역대책본부에서는
가능하다면 모두 각자의 집에서
원격 수업을 하라고 권고했어요.

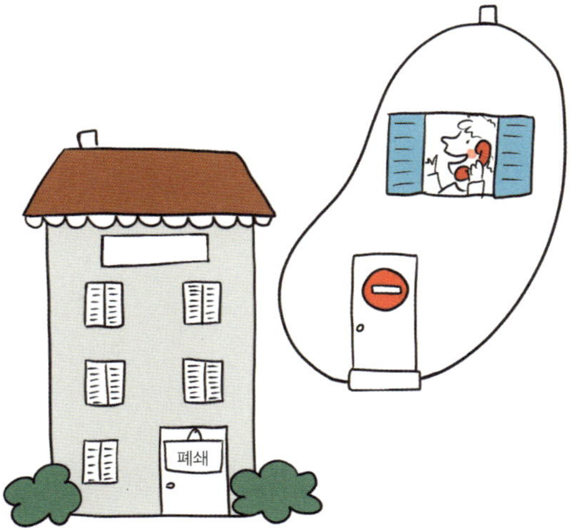

현재는 집집마다 부모님들이
이처럼 학교의 역할을 대신하고,

집안일도 하고,

아이들이 지루하지 않도록
새로운 활동들도 찾아보고,

스스로 거리두기를 선택하곤 해요.

멀리 떨어져 있어도 핸드폰과 컴퓨터
덕분에 대화를 할 수 있기 때문이지요.

이렇게 온종일 쉴 새 없이 시달린 부모님은
녹초가 되어 버려요. 저녁이면 아이들은
이런 모습을 보며 부모님이 피곤하다는 걸
눈치채죠.

재택근무를 택한 부모님들은
정말 훌륭한 거예요. 물론 사무실에서
일하는 것보다 훨씬 좋다고 느끼는 분들도
있을 테지만요.

어쨌든, 끔찍한 바이러스 떼가
부모님의 일자리를 빼앗지 않아
천만다행이에요.

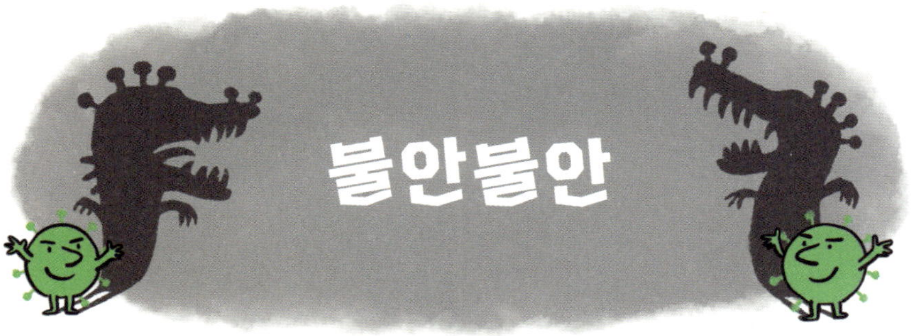

불안불안

에고, 어쩌죠? 의사인 플라비 고모가 너무 많은 사람들을 돌보다 그만 코로나 바이러스에 감염되었어요.

고모는 몸이 안 좋아서 아무도 돌볼 수가 없어요. 그리고 무엇보다 다른 사람들한테 코로나를 옮길까 봐 겁이 난대요.

그래서 고모는 고모부와 사촌들이랑 떨어져서 혼자 지낸답니다.

고모는 가족들을 다시 못 볼까 봐 불안했어요.
하지만 가족들이 감염되지 않기 위해서는 어쩔 수 없어요.

그런데 한 가지 의문이 생겼어요.

라디오에서 이런 얘기가 흘러나왔거든요.

정말 코로나 바이러스 떼가
사람들을 죽음으로 몰고 갈까요?

불행하게도 몸이 약한 사람은
건강한 사람보다 코로나에 걸리면
훨씬 치명적이에요. 예를 들어 노인이나
질병을 앓고 있는 사람들이 위험하죠.

이런 사람들은 뛰어난 의료진과
전문적인 의료기기가 배치된
병원의 도움을 받아야 해요.

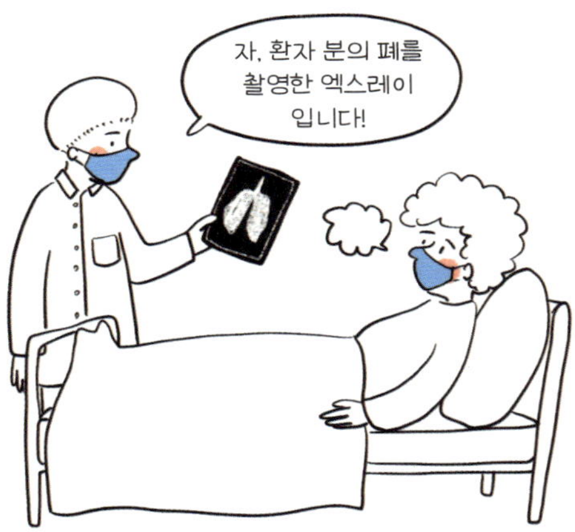

하지만 치료를 받아도 효과를 못 보고
사망하는 사람도 있어요.
안타까운 일이죠. 하지만 코로나에
감염된 사람 중 대다수가 회복되었다는
사실을 잊지 마세요.

슈퍼 히어로인 플라비 고모도
몇 주만 잘 견디면
거뜬히 회복될 거예요. 장담해요.

이 상황이 무섭고 두려운 게 당연해요.
하지만 안심하세요. 그리고 믿으세요.
플라비 고모는 곧 회복되어서 예전처럼
다른 사람들을 도와줄 거예요.

다른 사람을 돌보다 코로나에 감염된
의료진 모두에게 감사의 꽃다발을 바칩니다.

여러분은 분명 서로 티격태격하는
사람들을 겪어 봤겠죠?

혹은 나와 다른 의견을 갖고 있는 사람도
만나 보았을 거예요.

늘 있는 일이니까요.
하지만 예나 지금이나 이런 불협화음은
때로 우리를 끔찍한 상황으로 몰아넣어요.

전쟁이나

이별처럼요.

슬픈 사건들은 역사 속에 수없이 많아요.
역사 선생님은 학생들에게 이런 일들을
가르쳐 주며 더는 일어나지 않기를 바라죠.

코로나 바이러스와 함께 현재를 살아가는
우리도 역사의 한 페이지를 장식할 거예요.
그러면 미래의 학생들이 우리 얘기를
교실에서 배우겠죠?

아마도 평가는 다양할 거예요.

하지만, 그때가 되면 진정한 적은
딴지를 걸거나 다른 의견을 내는 누군가가
아니라, 보이지 않는 미세한 병균이었다고
할 거예요.

그리고 전 세계가 하나의 적을 물리치려고
함께 힘을 모아 싸웠다고 하겠죠.

전 세계 모두가 용감했고,
수많은 슈퍼 히어로들의 헌신으로
마침내 적을 물리쳤다고 말할 거예요.

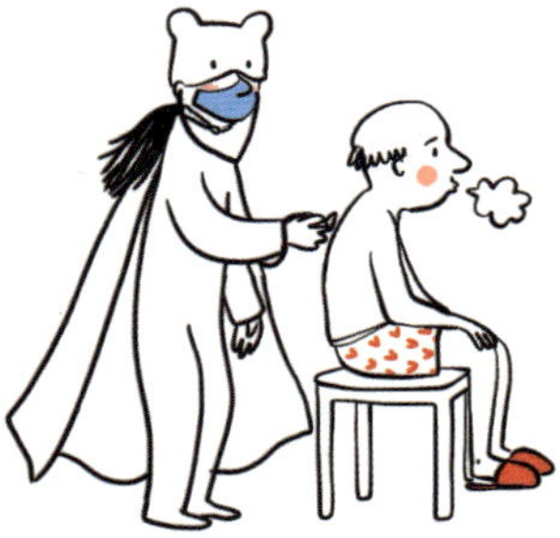

미래의 역사 선생님은 이 얘기를
학생들한테 들려주며
이 위기를 넘기면서
전 세계가 배운
뜻 깊은 교훈도 되새겨 줄 거예요.

미래의 선생님은 어떤 이야기들을
학생들한테 들려줄까요?
함께 상상해 봐요.

집콕 생활은 힘들어!

우리는 각자 다양한 터전에서 살아가요.

혼자 사는 사람도 있고,

가족이 한데 모여 사는 사람도 있지요.

또, 좁은 공간에서 옹기종기 모여 사는 사람도 있고,

넓은 공간에서 생활하는 사람도 있죠.

어때요, 좀 불공평해 보이나요?
어디에 살든 누구나 아름다운 정원에서
맘껏 뛰놀고 싶은 마음은 똑같을 거예요.

가끔은 개구쟁이 동생을 피해
혼자 조용히 숨을 수 있는 방이
필요할 때도 있고요.

그래요, 그럴 거예요. 하지만 힘을 내세요!
집콕 생활이 끝나는 날엔
마치 생일날처럼
뛸 듯이 기쁠 테니까요.
여러분은 그날을 소망하며 간절히 기다리죠?

그날은 분명 올 거예요!

그날이 오더라도 우리는
고치에서 나보다 힘든 시간을 보낸
사람들을 기억해야 해요.

겨울은 자연이 휴식을 취하는 고치 같은
계절이에요. 이런 겨울 고치에 봄은
수줍게 얼굴을 내밀며 등장하죠.
새봄은 집콕 생활 이후에
자연이 우리를 맞아 주려고 준비한
포근한 축제 같아요.

답답하고 불편한 생활이 이어지고 있겠지만
창문으로 봄기운이 파릇파릇 솟아나는
광경을 바라보세요.

마치 우리의 인내심을 칭찬해 주려는 듯
그 어느 때보다 봄은 아름답게 빛날 거예요.

집콕 갈등

온종일 한집에서 북적대며
지내다 보면 가끔 다툼이 일어나요.

꼭 아이들만 그런 것은 아니에요.
부모님들도 종종 서로 다투죠.

전문가들은 누구나 그럴 수 있다고 해요.

그러면서 몇 가지 충고를 해 주었어요.

우리는 누구나 혼자만의 공간이 필요해요.
이 기회에 텐트를 한번 쳐 볼까요?
오로지 나만을 위한 공간으로요.
그리고 내가 원할 때만
가족들을 그곳에 초대하는 거죠.

전문가들은 각자의 시간을
존중하는 일이 중요하대요.
엄마가 혼자만의 휴식을 즐기는 동안
아빠가 아이들과 놀아 주는 식으로 말이죠.

부모님끼리 보내는 시간도 꼭 필요해요.

이런 세심한 배려로
모두가 활력을 되찾을 수 있어요.
공동 생활은 늘 에너지가 필요하니까요!

서로 생각하고 느끼는 점들을
솔직히 나누는 게 바람직해요.

대화를 한다고 갈등을
전부 제거할 수는 없어요.

하지만 서로 간의 갈등을
상당히 많이 피할 수 있게 된답니다!

붉으락푸르락

세상에,
엄청나게 화가 났네요.
갑자기 들이닥친 끔찍한 코로나 바이러스
때문이에요.

화를 낼 이유만
자꾸 쌓여 가네요.

분노는 감정의 한 종류예요.

기쁨,

두려움,

슬픔처럼 말이죠.

감정이 일어나는 것은
자연스러운 현상이에요.
분노는 당연히 좋은 감정은 아니죠.
기분이 나빠지니까요.

하지만 꼭 나쁜 것만도 아니에요.
분노는 여러분이
어떻게 다스리느냐에 따라
좋은 결과를 가져오기도 해요.

순간적으로 화를 폭발해 버리면
모두들 기분이 언짢아져요.
그러면 분노가 나에게 되돌아올 수 있어요.

그렇다고 마음속에 꾹꾹 눌러두면
나중에 훨씬 더 크게 폭발해 버리죠.

이런 태도는 그리 좋지 않아요.
오히려 화가 난 이유를 표현하면

상대방이 내 마음을 이해할 수 있어서
함께 해결책을 찾을 수 있어요.

누구나 화가 날 수 있어요.
문제는 화를 어떻게 푸느냐예요.
화를 대화로 풀 수 있다면
그보다 더 좋을 수는 없겠죠.
혹시 소리를 크게 질러 보고 싶나요?

그럴 때는 고치에서 하루에 1분씩만
소리를 내 웃어 보면 어떨까요?

자연의 소리

나는 자연이야.

너희들은 고치 안에서
내가 선물한 아름다운 봄날을
느낄 수 있어.

나는 늘 뭔가를 만들어서
너희 인간들과 특별한 관계를 맺지.
예를 들어 인간이 불 피우는 기술을
발견한 순간,

나는 옆에서 그걸 지켜봤어.

인간이 바람을 활용할 때
그때도 내가 지켜보고 있었지.

인간이 전기를 사용할 때도
그곳에서도 지켜보고 있었어.

인간은 빠르게 발전했지.
점점 더 빨리.

나는 숨이 턱 막혀 왔어.
늘 에너지가 넘쳤는데,
너무 피곤해졌지.

그때 이 바이러스 녀석이
갑자기 나타났어.
크기는 작았지만
인간들이 하는 일을 모두 지연시켰어.

도시에서 너희들이 내는 소음이 사라지자
새들의 즐거운 노랫소리가 다시 들려왔어.

자동차가 뜸해지자,
야생 동물들이 숲과 들로
신나게 뛰어다녔어.

이봐, 인간들! 내가 봄기운을 여기저기
풀어놓을 시간 좀 줄래?

그래야 너희 고치와 정원에서
그 어느 때보다 아름답고 활기찬
나를 만날 테니까.

너희들이 고치를 나설 때 내가 다시
숨을 헐떡이며 너희들을 쫓아가야 할까?
아니면 좀 여유롭게 천천히 갈 수 있을까?

고치 안 생일 파티

안녕, 일기장!

어제는 내 생일이었어.
이제 열 살이 되었어.
그래서 무척 뿌듯해.
하지만 며칠 전부터 마음이 좀 슬퍼.
올해에는 할아버지도 친구들도
초대를 못 하거든.

아주 나중에 내가

백 살이 되면
이 생일날을 떠올리겠지!

아침에는 아빠가
맛있는 크루아상을 사다 줬어.

점심에는
내가 좋아하는 음식이
한가득이었어.

그리고 디저트 먹을 시간이 되자……

엄마가 기막힌 초콜릿 케이크를
준비해 줬어.
선물로 기타도 받았어!

그런 다음, 엄마는
원격 업무를 보러 방으로 들어갔어.
아빠랑 나는
해적 분장을 하고 보물찾기 놀이를 했지.

과연 누가 사탕 3킬로그램을 찾았을까?
아, 정말 즐거웠어.

저녁 식사 전에 친구랑 화상 통화도 했어.

할아버지한테는 화상 통화하는 방법을
알려 드렸지. 할아버지가 다시 만나면
기타 치는 법을 가르쳐 준다고 약속했어.

생일 파티가 평소랑 달랐지만 감동적이었어.
집콕 생활에도 불구하고 모두들
나한테 사랑을 듬뿍 쏟아 주었거든.

모니터 화면

집콕 생활에는 모니터 화면이 필수예요!

학교 수업을 따라가고,

원격 업무도 처리하고,

화상 통화도 하고,

영화를 보거나
게임도 할 수 있게 해 줘요.

사실 모니터 화면은 활짝 열린
창문 같아요. 고치 안에서 다른 세계를
볼 수 있게 해 주니까요.

모니터 화면은 집콕 생활을
유익하게 해 주는 도우미랍니다.
하지만 전문가들은 모니터 앞에서
너무 오랜 시간을 보내면 여러 문제가
발생할 수 있대요.

자제력을 잃어버리거든요.

눈도 피곤해지고,

숙면을 취하지도 못하죠.

모니터 화면 앞에서 오랜 시간을 보내는
것은 몸에 해로워요. 시간 조절이 필요하죠.

모니터 화면이 주는 좋은 것들을
계속 누리려면 말이에요.

하지만 잊어선 안 되는 사실들이 있어요.

우리는 책으로,

보드 게임으로,

만들기 활동을 통해,

스포츠로,

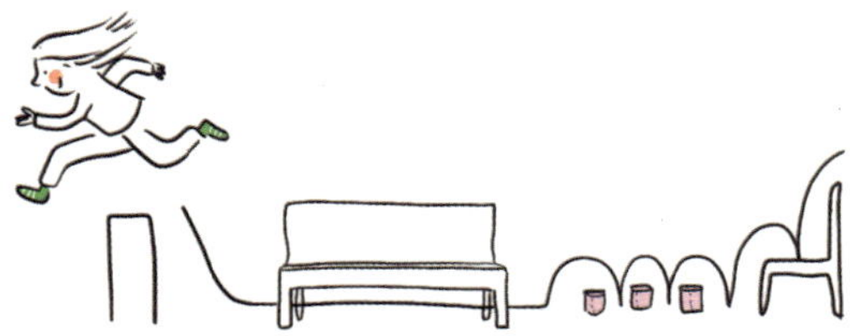

그리고 더 다양한 방식으로
즐거워질 수 있어요.

집콕 생활이 끝나고 자유롭게 밖으로
외출할 수 있는 날이 오면
모니터 화면을 보는 시간이 훨씬 줄겠죠.

실제로 활동하는 편이
훨씬 즐거우니까요!

대안을 찾아요

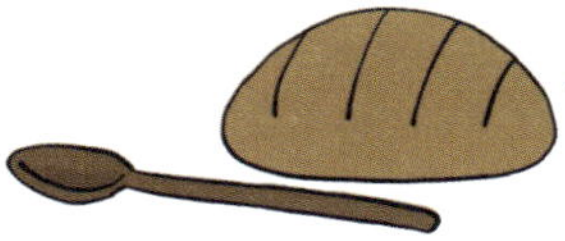

집콕 생활은 새로운 활동을 해 볼
기회를 제공해 줘요.
예를 들어
집에서 빵을 만든다거나…….

네?
아직 빵 만들기를 시도해 보지
않았다고요? 맙소사!

혹시 빵이 너무 익거나,
부풀어 오르지 않거나,
소금 넣는 걸 깜빡하더라도…….

걱정 마세요.
제과점으로 재빨리 달려가
빵을 사면 되니까요!

그런데 생각보다 좀 성가신 일도 있어요.

중앙방역대책본부에서 미용실 이용을 자제해 달라고 요청했거든요.

하지만 머리카락은 눈치도 없이 나날이 자라나 급기야 덥수룩해지지요!

머리카락은 한 달에 1~2센티미터씩 자란대요. 집콕 생활 때도 예외는 아니랍니다!

머리 모양을 유지하려면 미용 기술을 배워야겠네요! 쉬운 기술이 아니지만 사진을 참조하거나,

유튜브 영상을 활용할 수도 있어요.

우아,
결과가 그리 나쁘지는 않네요.

끔찍한 코로나 바이러스는
우리가 상상도 못 한 활동을 하도록
몰아붙여요.

용기 내어 시도하면,
서툴러도 마음 가득 뿌듯함이 차올라요.

한마음으로 이겨 내요

코로나 바이러스가 유행한 뒤로
곤란한 일들이 생겨났어요.

이렇게 힘든 때일수록
다른 사람을 돕는
손길이 필요하답니다!

몸이 약한 사람들이
고치를 나와 장을 보는
횟수를 줄일 수 있게…….

우리가 친절을 베풀면 좋겠죠?

마스크를 제작해서
무료로 나누어 주는 사람들이 있어요.

마음이 따뜻한 사람들이에요.

맞벌이 부부의 자녀를 낮 시간 동안
돌봐 주는 사람들도 있죠.

굉장한 사람들이에요!

피곤에 지친 의료진에게 꽃과 초콜릿을
선물해 주는 이름 없는 천사들도 있어요.

정말 감동적이죠!

집콕 생활을 하면서도 새로운 방법으로
서로 함께하는 사람들도 많아요.

함께 에어로빅을 하고,

서로 축하해 주고,

새처럼 함께 노래도 불러요.

정말 멋지지 않나요?
이런 예들은 셀 수 없을 정도로 많아요.
이 모두가 '한마음'임을 보여 줘요.

우리는 어려울 때마다 서로를 도왔어요.
끔찍한 코로나 바이러스가 사라져도
서로 돕는 마음을 간직해 볼까요?

제과점 앞 길가에
늘 앉아 있던 데니스 아저씨한테
무슨 일이 생긴 걸까요?

아빠가
데니스 아저씨는 '노숙인'이래요.

노숙인은 단독주택이나 아파트 같은
집이 없는 사람을 말해요.

데니스 아저씨는 집이 없는데
어떻게 집콕 생활을 할까요?

데니스 아저씨는 안타깝게도
노숙인 쉼터에 들어가지 못했어요.

노숙인 쉼터는 노숙인이 머물면서
자립할 수 있게 도움을 주는 곳이에요.

데니스 아저씨는 어쩔 수 없이
길에서 생활을 해요.
다행히 이웃들이 아저씨한테
가끔 음식을 가져다주죠.

커피를 타 오는 사람도 있고,

옷을 주는 사람도 있어요.

매번 아저씨는 무척 감동을 받았어요.
덕분에 이야기꽃이 피어났지요.

가끔 노숙인 지원 센터에서
아저씨가 잘 지내는지,

혹시 끔찍한 코로나 바이러스가
아저씨를 힘들게 하지 않는지
확인하러 와요.

데니스 아저씨처럼
다른 노숙인들도 도움을 받았으면
좋겠어요.

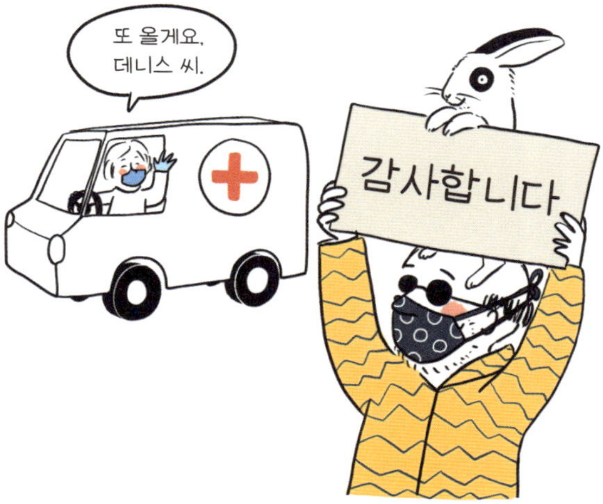

운동하기

전문가들은 건강을 위해
운동을 권장해요.
몸을 단련시키고 균형 감각을 키우는
운동도 있고,

에너지를 쏟아내는
운동도 있고,

팀 활동을 요구하는 운동도 있죠.

이뿐만이 아니에요!
운동을 하면 기분이 상쾌해지고
긴장이 풀려서 깊은 잠을 잘 수 있어요.

또 운동을 하면 면역 세포 수가
증가되지요.

운동은 코로나 바이러스를 물리치는
좋은 무기예요.

하지만 고치 안에서 어떻게 운동을 하죠?
실내에서 운동을 하는 건 힘들어요.
격렬한 운동은 잠시 접어 두어야
할지도 몰라요.

하지만 이런 상황에서도
집에서 할 수 있는 신체 활동 영상을
인터넷 검색으로 쉽게 찾을 수 있어요.

하루에 몇 번씩 층계를 오르락내리락하는
것도 좋은 운동이 될 수 있어요.

중앙방역대책본부에서는 장을 보거나
반려견을 산책시킬 때는
잠깐씩 외출을 해도 좋다고 했어요.

방역 수칙만 잘 지킨다면
작은 여유를 가져도 괜찮아요.
희망을 버리지 마세요.

언젠가 맘껏 뛰어 놀며
운동할 날이 올 테니까요!

바이러스

우리 몸은 눈에 보이지 않는
아주 작은 것들로 이루어져 있어요.
이것들을 뭐라고 부를까요?

맞아요. 사람의 몸속에는 세포들이
수없이 많아요.

지구에 있는 사람들의 수(77억)보다
훨씬 많답니다!

세포는 살아 움직이는 기관이에요.
세포들은 아주아주 작지만
각자 맡은 역할을 수행하지요.

피부 세포는 서로서로 이어져 있답니다.
서로 이어진 세포가 몸의 안과 밖을
나누는 모습이지요.

혈액 속을 순환하며 우리 몸 곳곳에 산소를
공급해 주는 세포도 있어요.

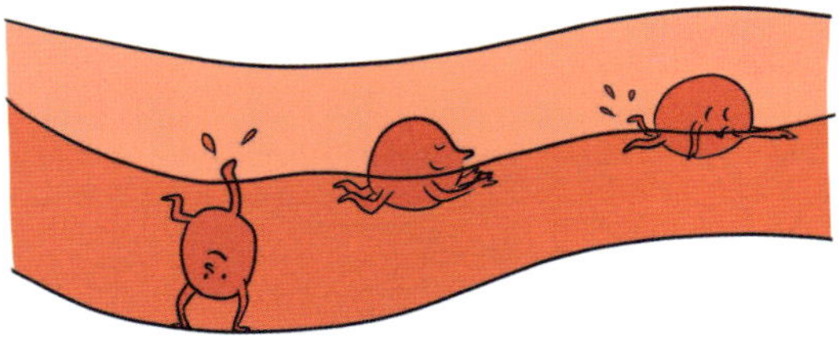

하지만 코로나는 달라요.
코로나는 세포가 아니라 바이러스예요.

바이러스는 일종의 열쇠를 사용해서
세포 속으로 침투해요.
그 뒤 세포를 통해 자신과
비슷한 바이러스들을 만들어 내죠.

바이러스 만들기는
세포가 하는 일이 아니에요.
그래서 세포는 금세 지쳐 버리죠.
결국 세포는 죽고 말아요.

코로나 바이러스가 지닌 열쇠는
특히 폐를 구성하는 세포 속으로 들어가는
문을 열어 줘요.

폐로 침투한 코로나 바이러스는
새로운 바이러스들을
어마어마하게 만들어 내요.

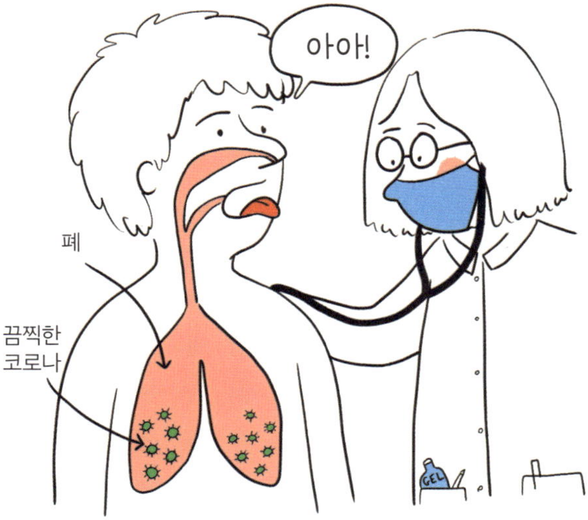

다행히 우리 몸은 코로나 바이러스의
증가를 막아 낼 효과적인 비법을
이미 갖고 있어요.
그건 바로 면역 체계랍니다!

면역 체계는 다음 장에서 설명해 줄게요.
자, 여기 열심히 일을 하는
예쁜 세포들이 있네요. 어떤 세포일까요?

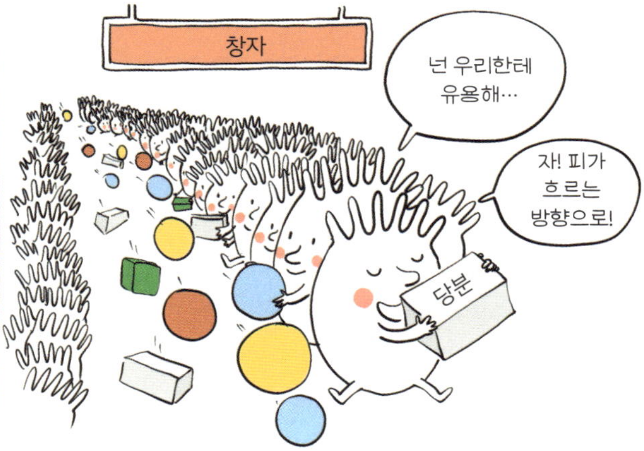

면역 체계

코로나 바이러스처럼
우리 몸속에 침입한 침입자들은
그 누구도 우리 몸속의 강력한 세포 모임
몰래 돌아다닐 수 없어요.
그 세포 모임이 뭐냐고요?
바로 면역 체계랍니다.

면역 체계에는 침입자를 탐지해
동료들한테 알려 주는
세포들이 있어요.

끔찍한 침입자들을
먹어 치우는 세포도 있지요.

닌자 세포는 우리 몸에 몰래 침입해
해로운 바이러스를 만들어 내는
현장을 찾아내요.

그다음 닌자 세포는 해로운 바이러스를
쫓아내지요.

이뿐만이 아니에요! 면역 체계는
코로나 바이러스가 몸속으로 들어온 지
며칠이 지나면 코로나 바이러스가 지닌
열쇠를 묶어 버리는 장치를 제작할 수
있어요. 이 장치가 바로 항체랍니다!

코로나 바이러스는 열쇠 없이
폐 세포 안으로 들어올 수 없어요.
더 이상 증식을 못 해서
결국 잡아먹히기 때문이에요.

이처럼 강력한 면역 체계는
조금씩 코로나 바이러스를 모두 제거해요.

그러면 몸이 회복되어 건강해진답니다!

진단 검사

코로나 도둑 떼가 내 몸속에 들어왔는지
알아내는 방법이 있어요.

바로 진단 검사를 이용하는 거예요.

진단 검사를 하려면 전문가가
검사 대상자에게서,

침이랑

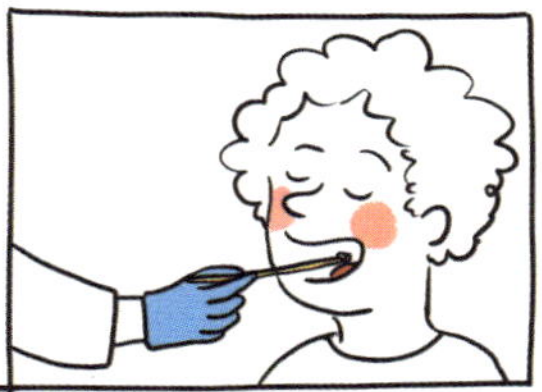

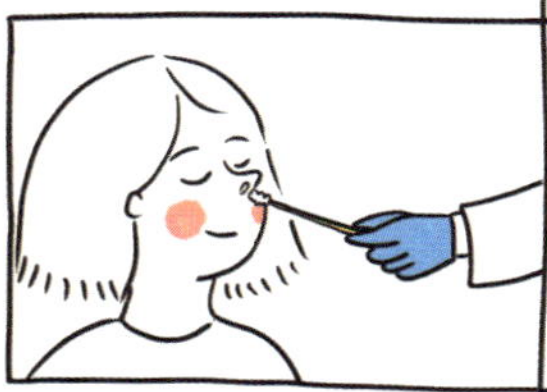

콧물이랑

혈액을 채취해요.

전문 용어로 검체를 채취한다고 해요.

진단 검사는 매우 중요해요.
검사 전에는 누구 몸속에 코로나 바이러스가
숨어 있는지 모르기 때문이에요.

증상이 안 나타나는 무증상 환자도
있거든요. 면역 체계가 강한 사람 중에
무증상 환자가 많아요.

무증상 환자는 당장 아프지 않아서
좋을 수 있어요.
하지만 큰 문제를 일으켜요.

무증상 상태에서도 다른 사람에게
코로나 바이러스를 전파할 수 있거든요.
면역 체계가 약한 사람에게
코로나 바이러스가 전파되면,
심하게 아플 수 있어요.

그래서 코로나 바이러스 감염이 의심되면
검사를 받아야 해요.

검사를 해서
코로나 바이러스가 아닌
다른 질병으로 아픈 거라면
그 질병을 치료할 약을 먹어야 해요.

이렇게
진단 검사는 무증상 코로나 바이러스
환자까지 가려낼 수 있어서
더더욱 중요해요.

또, 아픈 이유를 정확히 알게 되어
그에 맞게 치료할 수 있게 해 주지요.

방역 수칙

코로나 감염을 예방하기 위해
전문가들이 강조하는 방역 수칙이 있어요.

방역 수칙을 지키는 일은 불편하고
힘들게 느껴질 수 있어요.

방역 수칙이 다른 사람과 나를 격리시키는
장벽으로 여겨질 수도 있고요.

하지만 방역 수칙은 코로나 바이러스가
우리에게 침입하지 못하게
차단막을 만드는 거예요.

어떻게 차단막을 만들까요?

1

수시로 비누나 소독약으로 손을 씻어요.
30초 동안 손바닥, 손톱 밑 등을
구석구석 깨끗이 닦아요.

우연히 손에 묻었던 코로나 바이러스가
씻겨 나갈 테니까요.

2

씻지 않은 손으로 눈, 코, 입, 귀를
만지지 말아요.

이런 행동은 코로나 바이러스를 몸속으로
침투시키거나 다른 사람에게 옮길 수 있어요.

3

재채기나 기침을 할 때는 옷소매로 가려요.

재채기나 기침을 한 후에는
예방 차원에서 손을 꼭 씻어요.

4

1 코를 푼 뒤에는

2 사용한 휴지를 곧바로 휴지통에 버려요.

3 그다음 꼭 손을 씻거나 소독하세요.

5

다른 사람과 신체적 접촉을 하지 말아요.
악수나 포옹도 하면 안 돼요.
2미터 이상 거리를 두어요.

잘 알겠죠? 격리가 끝나더라도 당분간은
방역 수칙을 계속 잘 따라야 해요.
학교에서도 물론이고요!

마스크

코로나 바이러스는 너무 작아서
침방울에 섞여 있을 수 있어요.

코로나 감염자가 재채기나 기침할 때
혹은 말할 때, 침방울에 섞여 나와요.

상상해 보세요.

침방울은 마치 작은 기구들처럼
잠시 공기 중에 날아다니다
땅으로 떨어져요.

그때 침방울에 있던 코로나 바이러스가
다른 사람의 코나 입으로 들어가

사람들을 감염시키죠.
하지만 다행히 우리에겐
마스크가 있어요!

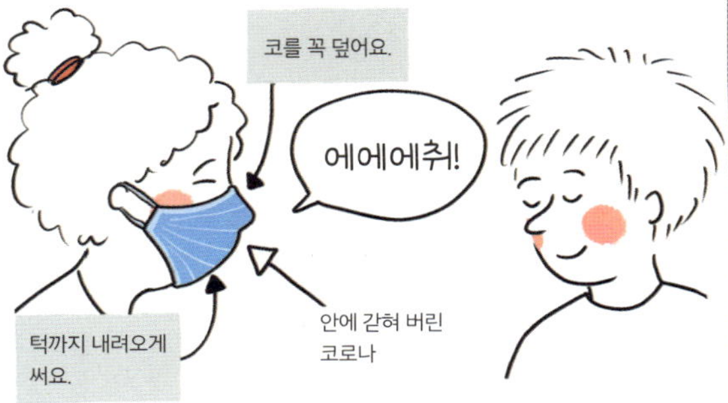

마스크를 착용하는 단순한 행동만으로도
침방울이 튀는 것을 막을 수 있어요.

또, 마스크는 다른 사람의 코나 입으로
코로나 바이러스가 침입하는 것도
막을 수 있어요.

이런 게 바로 진정한 코로나 방역이랍니다!
마스크는 약국이나 편의점 등
다양한 곳에서 구매할 수 있어요.

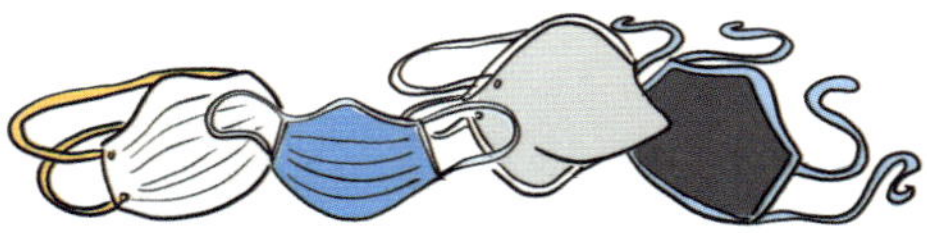

가끔 마스크를 직접 만들어 쓰는
사람도 볼 수 있어요.

개성 있고 예쁜 마스크를 원하는 사람들은
수제 마스크를 좋아해요.

하지만 주의하세요. 코로나 바이러스를
효과적으로 차단하려면 제멋대로
제작해서는 안 되니까요.

또, 마스크를 착용했다고
방역 수칙을 소홀히 하면 안 돼요.

마스크를 쓰고 벗을 때에는
마스크 끈 이외에는 절대 만지면 안 돼요.

코로나 바이러스가 손에 묻을 수 있기
때문이에요.

지금까지 마스크를 어떻게 착용했든
지금부터 마스크를 제대로
잘 사용하면 좋겠죠?

코로나 같은 바이러스가 우리 몸속에 침투하면 면역 체계가 작동해요.

며칠이 지나면 면역 체계는 바이러스에 대한 항체를 만들어 낼 수 있어요.

항체는 바이러스가 세포로 침투할 때 사용한 열쇠를 사용 못 하게 만들어요.

일단 면역 체계가 항체를 만들어 내는 방법을 터득하면 다음에 코로나가 몸에 침투해도 손쉽게 물리칠 수 있어요.

전문가들은 여러 방법으로 코로나 항체를 만드는 면역 체계를 찾고 있어요.

백신을 만들기 위해 애를 쓰는 거예요.

백신에는 우리를 감염시키는 바이러스가 들어 있어요. 하지만 전문가들이 위험하지 않게 개조한 바이러스지요.

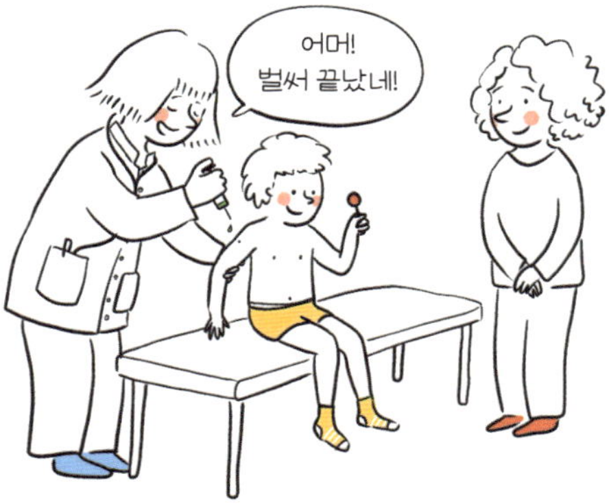

백신을 사람의 몸속에 투여하면,

우리 면역 체계는 바이러스를 막는 항체를 만들 수 있게 되어요.

그러면 항체 덕분에
질병을 이겨 낼 수 있어요!
바이러스를 제거할 항체를 만들 수 있기
때문에 진짜 바이러스가 침입해도
빠르게 물리칠 수 있지요.

또, 항체 덕분에 질병에 잘 걸리지
않게 돼요!

우리는 전문가들이
끔찍한 코로나 바이러스로부터
우리를 보호해 줄 백신을 하루 빨리
개발하기를 간절히 바라고 있어요.

모두에게 좋은 일이니까요!

책임자가 맡은 일

국가마다 수많은 사람들이 모여 살아요.

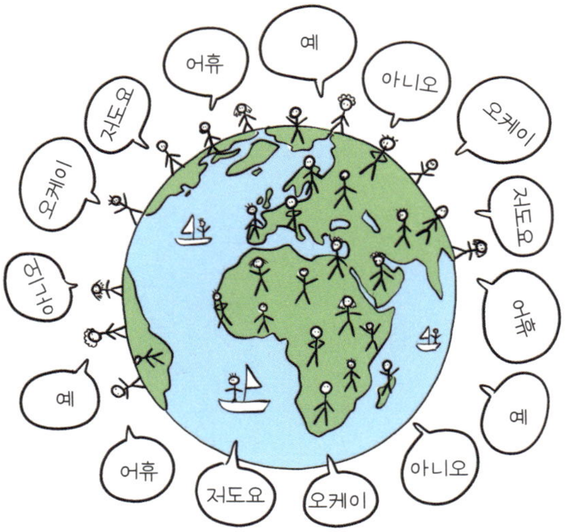

수많은 사람들이
모두 한마음 한뜻이 되는 건 힘들어요.

그래서 우리나라처럼
다른 국가에서도 책임자를 뽑아요.

임명된 책임자는 모든 국민을 대신해
여러 가지 사안에 대해 결정을 내려요.

자동차의 최고 속도를 결정하거나,

학교에서 배울 내용을 정하기도 해요.

하지만 항상 옳은 결정을 내리기는
어려워요. 모든 걸 파악하기는 힘드니까요.

그래서 책임자들은 실수하지 않기 위해
전문가들의 의견을 최대한 참조해요.

책임자들은 자기 국가의 결정을
다른 국가와 서로 공유하며 토론도 해요.

코로나 사태가 발생하자
각 국가의 책임자들은

집콕 생활과 집콕 생활 해제 방식을,

전문가들의 조언과 다른 국가의 사례를
참고해 결정했어요.

우리는 책임자들이 최선의 결정을
내리기를 바라지요.

그들의 결정이 내 마음에 들지 않을 때도
있지만요.

집콕 생활 해제

드디어 끝났습니다!
중앙방역대책본부에서 발표를 했어요.

곧 집콕 생활 해제가 되었어요.
드디어 이 날이 왔네요!
그런데 과연 고치를 깨고 나와
즉시 예전의 생활로
되돌아갈 수 있을까요?

여러분은 아침에 일어나면,
간밤에 꾼 꿈에서 금방 벗어날 수 있나요?

쉽지 않을 거예요.

코로나 바이러스가 줄어들었지만

완전히 사라지진 것은 아니에요.
하지만 평소 생활로 되돌아갈 수는 있어요.

차츰차츰요. 하지만 인내가 필요해요.

중앙방역대책본부에서 발표하는 소식에
귀 기울여 잘 따라야 해요.

전문가들이
학교가 다시 문을 열 시기를 알려 주고,

상점들과

음식점, 영화관, 박물관을 열 시기를
정해 줄 거예요.

감염자들이 다시 순식간에 증가하지
않도록 시기를 조정할 거예요.

그리고 꼭 기억할 것이 있어요.
코로나 사태가 진정되더라도
방역 수칙을 계속 잘 따라야 한다는 거예요.

친한 사람들이랑 다시 만날 수 있다는
생각만으로도 신이 나네요.

사망자들을 기억해요

꽃 한 송이,

나무 한 그루,

개미 한 마리,

개구리 한 마리,

고래는 모두

살아 숨 쉬는 생물이에요.

크든 작든, 연약하든 힘이 세든,
모두 같은 길을 걸어가요.

태어나면서
삶이 시작된다는 점에서요.

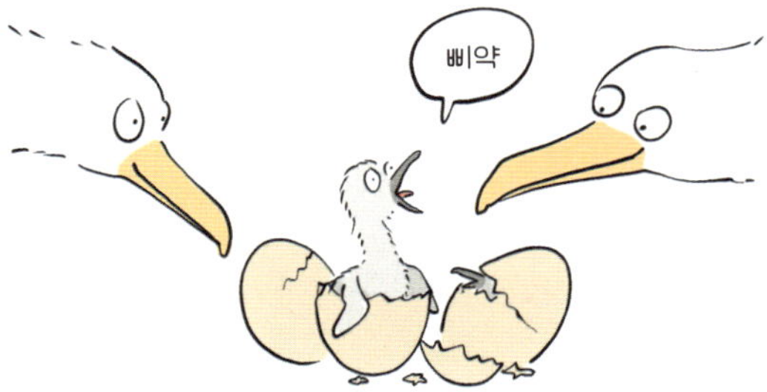

누구나 짧든 길든 죽음으로 삶을 끝내요.

살아 숨 쉬는 것들은 모두 언젠가 죽음을 맞이하죠. 이처럼 죽음도 삶의 일부랍니다.

우리는 죽음이 언제 우리한테 닥칠지 알 수 없어요.
나이가 들어 자연스레 죽음을 맞는 사람도 있고,

사고로 순식간에 세상을 떠나는 사람도 있어요.

혹은 심한 병을 앓다가 떠나기도 하죠.

안타깝게도 코로나 바이러스로 죽음을 맞은 사람도 많아요.

전문가들은 나이가 들어 쇠약해진 사람이나 이미 질병을 앓고 있는 사람은

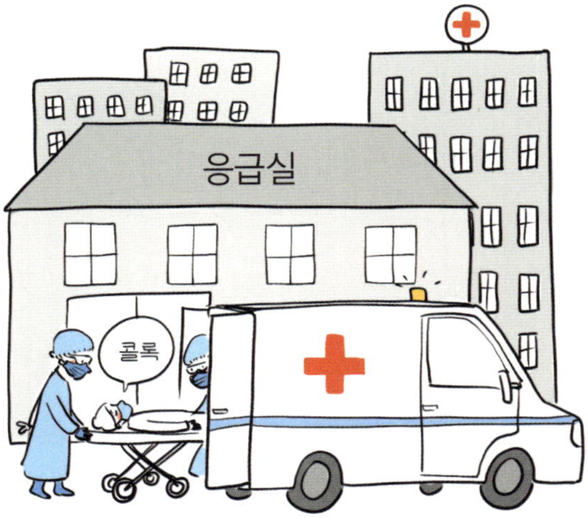

코로나에 감염되면
훨씬 더 치명적일 수 있다고 말해요.
이런 사람들은
병원에서 온갖 조치를 취해도

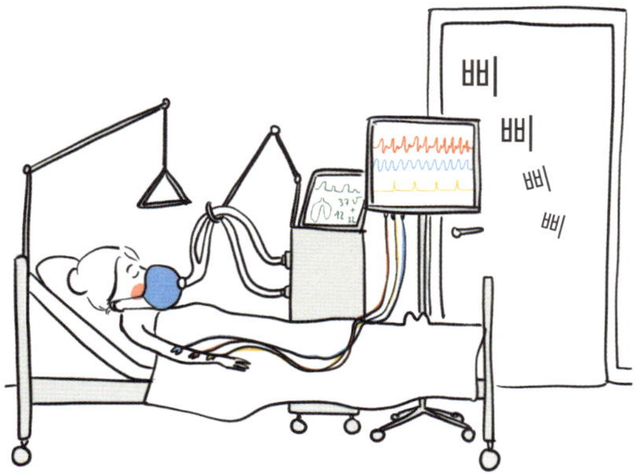

체력이 약해서 치료를 감당할 수 없대요.
복잡한 기기를 몸 이곳저곳에 달기 때문에
그중 하나가 작동을 멈추기라도 하면……

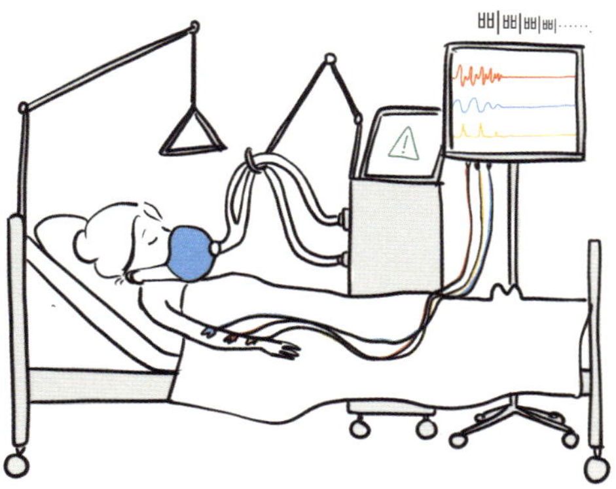

그 사람들은 사망하고 말아요.

혹시 여러분 주변에 코로나로 인해
죽음을 맞이한 사람이 있나요?

가까운 사람이 사망했다는 소식을 들으면
처음에는 믿기지 않을 수 있어요.

그러다 차츰 현실을 받아들이죠.
그러고 나면 모든 것이
예전과 같을 수 없음을 깨달아요.

그 순간 이제까지 경험해 보지 못한
슬픔이 밀려올 수 있어요.

슬픔이 너무 커서
심지어 어른들도 눈물을 쏟아요.

사랑하던 사람이 사망하면
그들이 너무 많이 그리워져요.
비록 지금은 이 땅에 없지만 함께 나눈
추억들이 우리 가슴에 남아 있기 때문이죠.

아름다운 추억을 떠올리는 순간만큼은
사랑하는 사람을 우리 가슴속에서
살아 숨 쉬게 할 수 있어요.

비록 이 세상을 떠났지만 어딘가에 여전히
존재한다고 믿는 것은 각자의 자유겠죠?

그렇게 믿든 아니든 마음속으로 혹은
큰 소리를 내어서 하늘로 간 사람에게
이런저런 이야기를 들려줄 수 있어요.

그림을 그리거나
편지를 써 볼 수도 있겠죠.

이런 행동은 우리에게 도움이 되어요.
사랑하는 사람이 남겨 놓은 빈자리를
조금씩 채우며 살아가는 법을
배우게 될 테니까요.

한 번도 마주한 적 없는 삶이겠지만,
우리는 다시 아름답게 잘 살아갈 수 있어요.

희한한 개학

우리는 가정에서 많은 것을 배워요.
배움은 성장에 꼭 필요해요.

코로나 바이러스가
많은 사람들을 감염시키지 못하도록
중앙방역대책본부에서 우리한테
각자 집에 머물러 있기를 당부했어요.

다행히 선생님들은 온라인으로
수업을 진행해 줬어요.

또 열심히 도와준 부모님들 덕분에 우리는
계속 집에서 학습할 수 있었지요.

그런데 집콕 생활이 해제되면
좋든 싫든 간에……

하지만 코로나 바이러스가
언제든 다시 유행할 수 있으니

우리는 학교가 정하는 날에
다시 학교로 돌아가야 한답니다!

전문가들은 계속해서
방역 수칙을 준수하라고 당부할 거예요.

교실에서도 분명 익숙하지 않은 광경이
펼쳐질 거고요.

처음에는 익숙치 않을 수 있어요.

하지만 선생님들이
우리의 불안을 해결해 줄 거예요.

우리가 경험한 일들은 분명
선생님들에게도 새로운 자극이 될 거예요.

새로운 방법으로
재밌게 가르쳐 줄 지도 몰라요.

천산갑

천산갑은 희한한 동물이에요.
몸집은 대략 고양이 크기만 해요.

몸의 표면은 대부분 비늘로 뒤덮여 있고요.

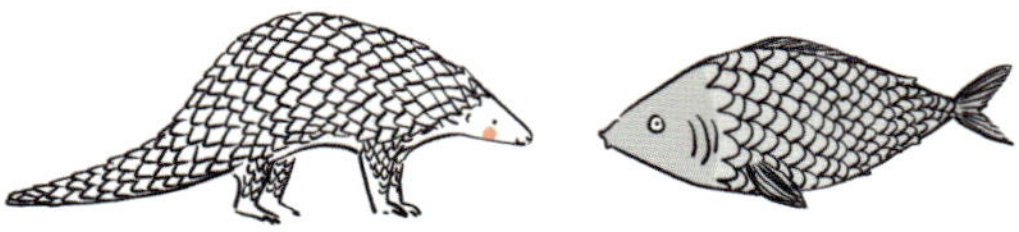

그런데 두 발로 걸을 수 있답니다.

천산갑은 아프리카와 아시아 일부
지역에 살아요.

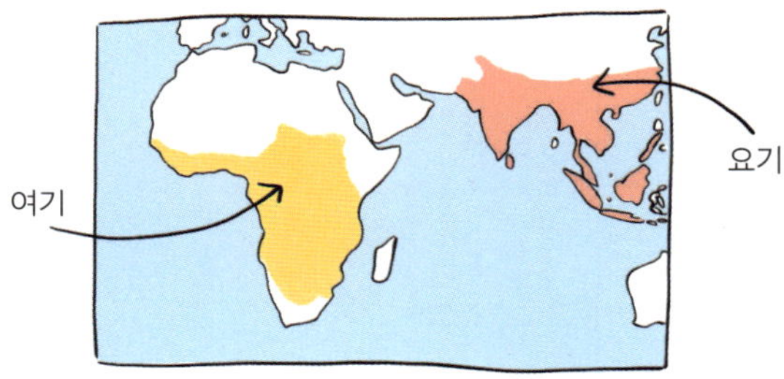

혼자 생활하고 공격적이지도 않고
개미를 잡아먹고 살죠.

눈에 잘 띄지 않는 동물이라
자기 얘기하는 걸 알면
좋아하지 않을 것 같아요.

하지만 가엽게도 천산갑은
두 가지 이유로 세계적으로 유명해졌어요.

첫째, 귀한 동물이라
사냥이 금지되어 있어요.

그래서 밀렵꾼들이
가장 잡고 싶어 하는 동물이랍니다.

천산갑의 희귀한 비늘이 약이 된다고
믿는 사람들이 있거든요.

그런 사람들은 천산갑의 비늘을 얻으려고
비싼 값을 치른답니다. 우웩!

천산갑이 유명해진 두 번째 이유는
우리가 코로나를 경험하기도 전에

이미 천산갑 중에 코로나 바이러스를
가지고 있는 친구들이 있었다는 사실이
밝혀졌기 때문이에요.

그래서 천산갑으로 인해
첫 번째 바이러스 감염자가
발생했다는 주장도 있어요.

천산갑 때문에
코로나 바이러스와 인간의
반갑지 않은 만남이 시작되었다는 거죠.

하지만 천산갑은 아무 잘못이 없어요.
이제 천산갑을 조용히 놓아두세요.

천산갑아, 좀 편해졌니?

파도

요즘 미디어나 토론 프로그램에서는
코로나 바이러스에 대해,

2차 파도, 3차 파도 같은 이야기가
자주 나와요.

바이러스가 파도타기를 하듯
밀려와서 그런 걸까요?

그렇지 않아요.
그 파도랑은 전혀 다른 파도랍니다.

코로나 바이러스가 등장한 이후로,

전문가들은 매일 확진자 수를
체크하고 있어요.

초기에는 아주 적었는데,

차츰 늘더니,

갑자기 확 늘어나서

확진자가 엄청 많아졌죠.

하지만 다행히 집콕 생활이
효과가 있었어요.

우리 모두 방역 수칙을 잘 지켰기 때문에,

확진자의 수가 점차 줄어들었지요.

마치 파도가 치는 것처럼 코로나 확진자가
늘어났다 줄어들었어요.

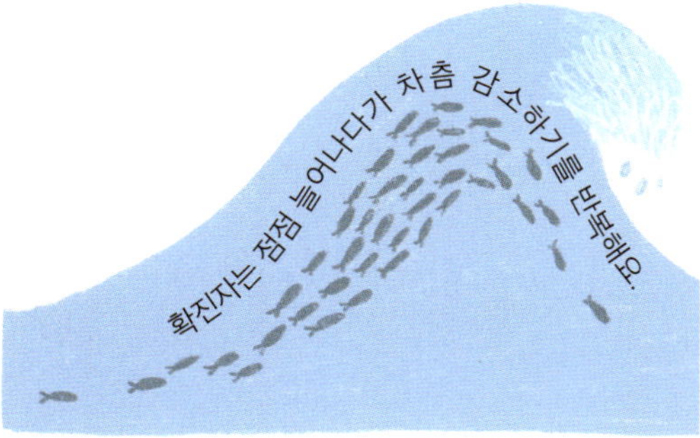

사람들은 2차, 3차 파도가
밀려올 거라고들 해요.
집콕 생활 해제가 계속되면,

확진자의 수가 다시 증가하지 않는다는
보장이 없기 때문이죠.

그래서 전문가들은 긴장을 풀지 않고
살피고 있어요.

그래서 집콕 생활 해제는
신중히 진행되어야 한답니다.

생태학자 **최재천 교수님**이 들려주는

코로나 바이러스 이야기

여러분, 코로나 바이러스 하면 뭐가 생각나나요?
마스크, 손 소독제, 천산갑, 박쥐, 온라인 수업, 백신 등이
생각날 거예요.
그중에서 코로나 감염을 예방하는 데 꼭 필요한 것이 뭘까요?
맞아요. **백신**이에요.

백신은 주사로 맞아요. 주사는 아프고 무서워요.
그런데 하나도 안 아프고, 효과는 더 좋은 백신이 있어요.
뭐냐고요? 바로 **'행동 백신'**이에요.

행동 백신이란
마스크를 쓰고, 손을 잘 씻고, 서로 2미터 떨어지는 등
코로나 바이러스의 전파를 막기 위해
일상생활에서 다 함께 노력하는 방법이에요.

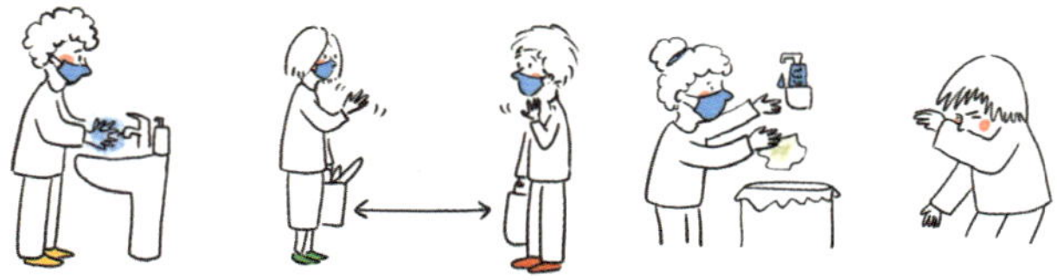

행동 백신은 우리가 사용할 수 있는
가장 효과적이고 근본적인 백신이라고 할 수 있어요.

그다음으로 중요한 것이 '백신 주사'예요.

아까 말했듯이 병에 걸리기 전에 병원에 가서
따끔! 하고 맞는 바로 그 백신 주사도 중요해요.
지금도 여러 나라에서 과학자들이 **백신 주사**를 개발하기 위해
노력에 노력을 거듭하고 있죠.

하지만 **백신 주사**를 만드는 데 오랜 시간이 걸리기 때문에
백신 주사만 믿고 있기보다는
행동 백신을 더 중요하게 생각해야 하죠.

그런데 말이죠.

행동 백신, 백신 주사 모두 중요하지만
엄청, 엄청, 엄청나게 중요한 백신 하나가 남아 있어요.

뭘까요?

코로나 바이러스는 박쥐에게서 왔다는 말이 많지요.
그래서 박쥐를 미워하는 사람도 많을 거예요.

그런데 박쥐가 일부러 사람에게 바이러스를 옮긴 것은 아니에요.
함부로 박쥐를 잡아서 기르거나, 잡아먹거나,
사전 지식 없이 만져서 이 모든 일이 일어난 거예요.

그래서 우리 모두는 '생태 백신'을 맞아야 해요.

생태 백신이란 야생 동물들을 있는 그대로 보존하고
야생 동물들의 삶 속에 가급적 들어가지 않는 백신을 말해요.
박쥐는 더운 지역에 사는 동물이고 원래 인간과는 멀리 떨어져 살아요.
그런데 인간이 자연을 파괴해서
지구 온난화가 심해졌고, 더운 지역이 늘어났어요.

결국 더운 곳을 좋아하는 박쥐가 사는 곳이 크게 늘어났지요.
게다가 인간은 숲을 파괴하고 박쥐가 사는 곳 바로 앞까지 들어가
야생 동물을 괴롭혔어요.
그러다가 박쥐에게서 코로나 바이러스를 전해 받은
야생 동물들이 우리에게 옮긴 것이에요.

결국 모두 인간 때문에 일어난 비극이지요.

비슷한 예는 너무나 많아요.

좁은 공간에 닭을 너무 많이 길러 널리 퍼진 조류 독감이나,

낙타를 통해 인간에게 옮긴 것으로 알려진 메르스 등

인간이 욕심을 부려 자연을 훼손하자

무서운 바이러스가 우리 인간을 공격했어요.

우리가 자연을 함부로 다루는 한

언제든 코로나 같은 병이 또 생겨날 수 있는 거지요.

이런 병들이 다시 생기는 것을 막기 위해서는

꼭 생태 백신을 맞아야 해요.

자연을 있는 그대로 지키고

파괴하지 않으려는 노력을 해야 해요.

여러분이 무심코 버리는 플라스틱 병,

낭비하는 물과 전기, 함부로 사용하는 일회용품이

자연을 못살게 굴고 야생 동물들을 죽어 가게 한다는 사실을 기억하세요.

자연을 파괴한 결과가

결국 코로나 바이러스처럼 내게 돌아온다는 것을 기억한다면

우리가 할 일들은 분명해져요.

코로나 바이러스가 없었던 평화로운 일상이 그립나요?

나의 일상을 무너뜨리지 않기 위해

친구들과 함께 마스크 없이 뛰놀던 행복한 시간을 되찾기 위해

우리 함께 생태 백신을 널리널리 퍼뜨려 봐요.

생활 습관에서 지구 환경까지

코로나 탐구 생활

1판 1쇄 발행일 2021년 1월 8일 **1판 2쇄 발행일** 2021년 5월 10일
글쓴이 폴 드 리브롱, 최재천 **그린이** 마르그리트 드 리브롱 **옮긴이** 곽노경
펴낸곳 (주)도서출판 북멘토 **펴낸이** 김태완
편집주간 이은아 **편집** 김정숙, 조정우 **디자인** 안상준 **마케팅** 최창호, 민지원
출판등록 제6-800호(2006. 6. 13.)
주소 03990 서울시 마포구 월드컵북로6길 69(연남동 567-11), IK빌딩 3층
전화 02-332-4885 **팩스** 02-6021-4885
bookmentorbooks__ bookmentorbooks bookmentorbooks@hanmail.net

ISBN 978-89-6319-394-6 73300

이 도서의 국립중앙도서관 출판예정도서목록(CIP)은 서지정보유통지원시스템 홈페이지(http://seoji.nl.go.kr)와 국가자료종합목록 구축시스템(http://kolis-net.nl.go.kr)에서 이용하실 수 있습니다. (CIP제어번호 : CIP2020052245)